A-Z IPSWICH &

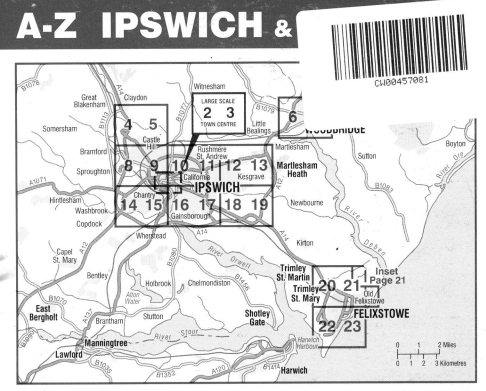

Reference

A Road	A12
B Road	B1438
Dual Carriageway	
One Way Street Traffic flow on A roads is indicated by a heavy line on the drivers' left.	→
Pedestrianized Road	
Restricted Access	
Track & Footpath	
Residential Walkway	
Railway Level Crossing / Station	
Built Up Area	

Local Authority Boundary	— · —
Postcode Boundary	
Map Continuation	5 3
Car Park Selected	P
Church or Chapel	†
Fire Station	■
Hospital	H
House Numbers A & B Roads only	84 132
Information Centre	i
National Grid Reference	615
Police Station	▲

Post Office	★
Toilet with Facilities for the Disabled	▽
Educational Establishment	
Hospital or Health Centre	
Industrial Building	
Leisure or Recreational Facility	
Place of Interest	
Public Building	
Shopping Centre or Market	
Other Selected Buildings	

Scale

4 inches (10.16cm) to 1 mile
1:15,840   6.31cm to 1 km

0   ¼   ½ Mile
0   250   500   750 Metres   1 Kilometre

Geographers' A-Z Map Company Ltd.

Head Office : Fairfield Road, Borough Green, Sevenoaks, Kent TN15 8PP Tel: 01732 781000
Showrooms : 44 Gray's Inn Road, London WC1X 8HX Tel: 0171 440 9500

Based upon the Ordnance Survey mapping with the permission of the
Controller of Her Majesty's Stationery Office. © Crown Copyright (399000).

EDITION 2 1999 Copyright © Geographers' A-Z Map Co. Ltd.

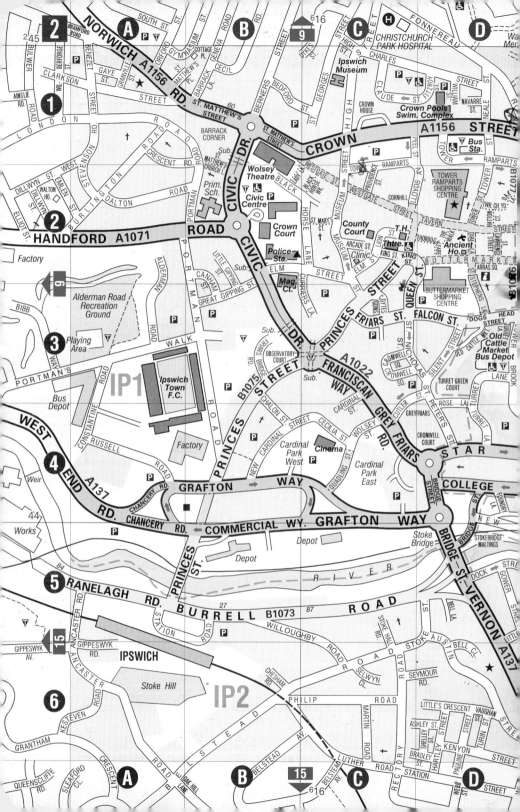

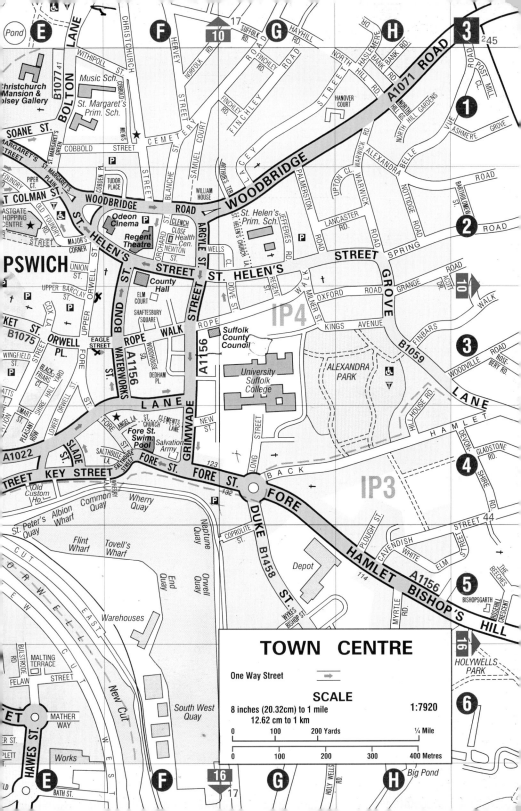

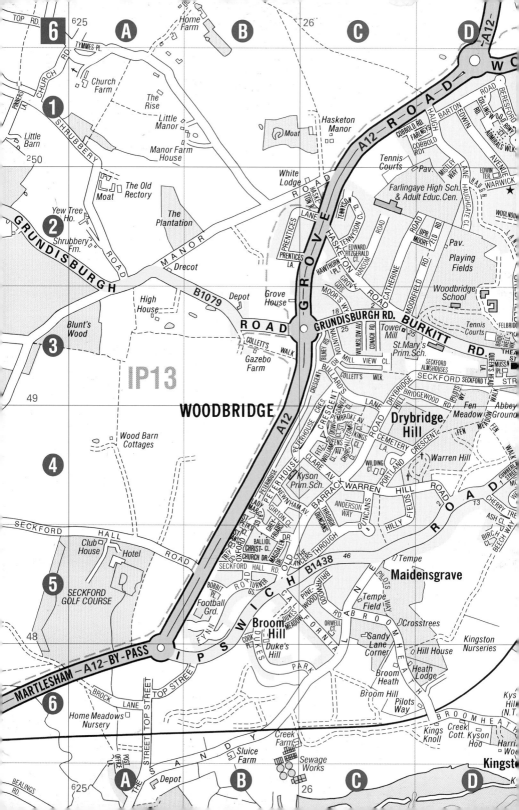

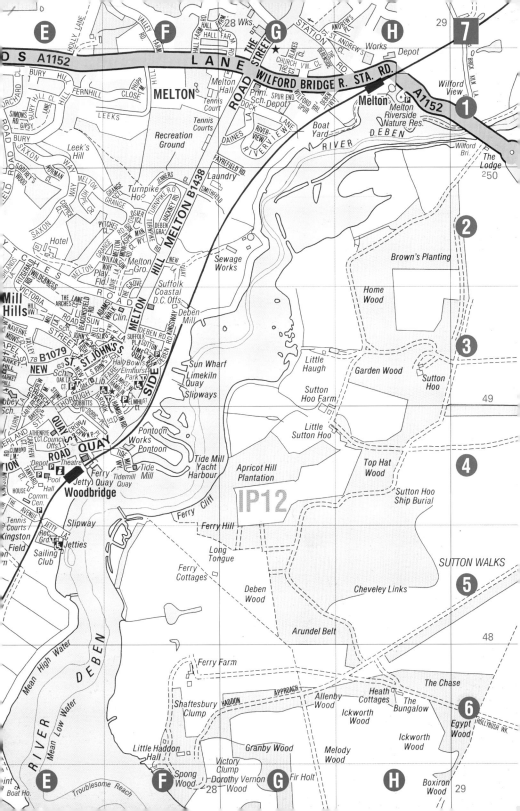

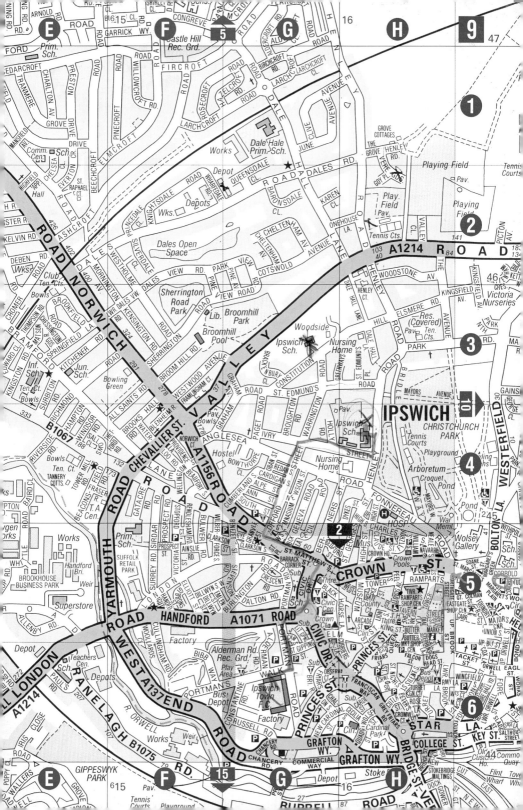

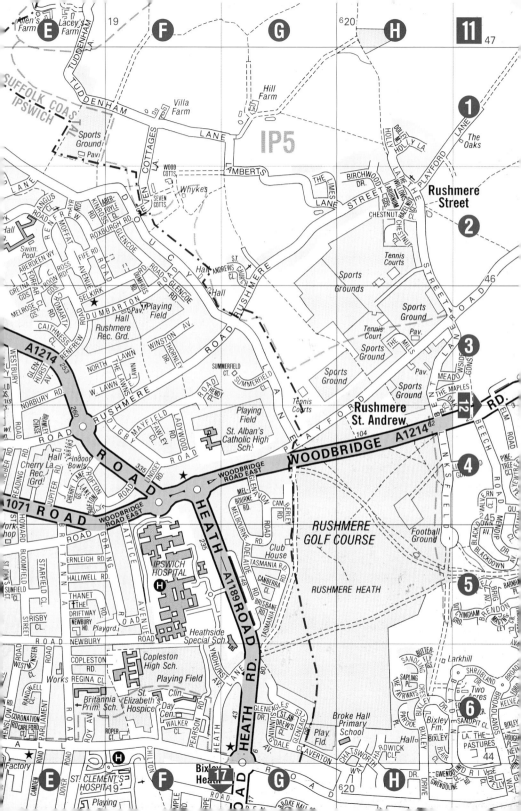

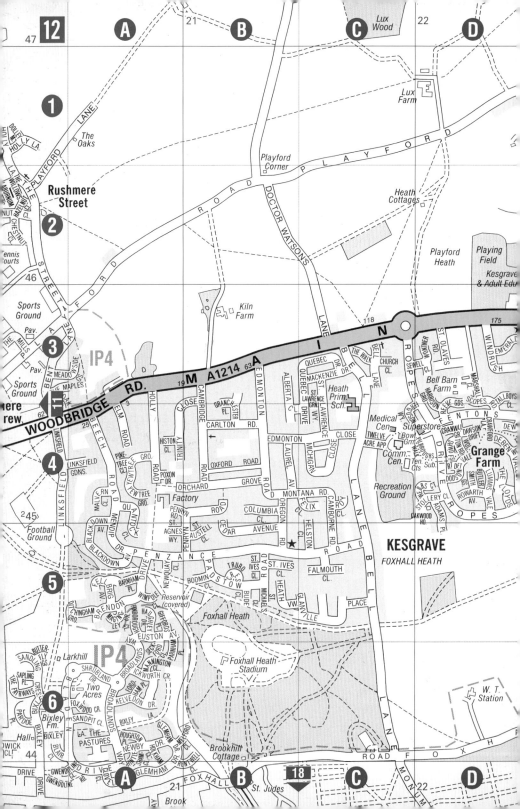

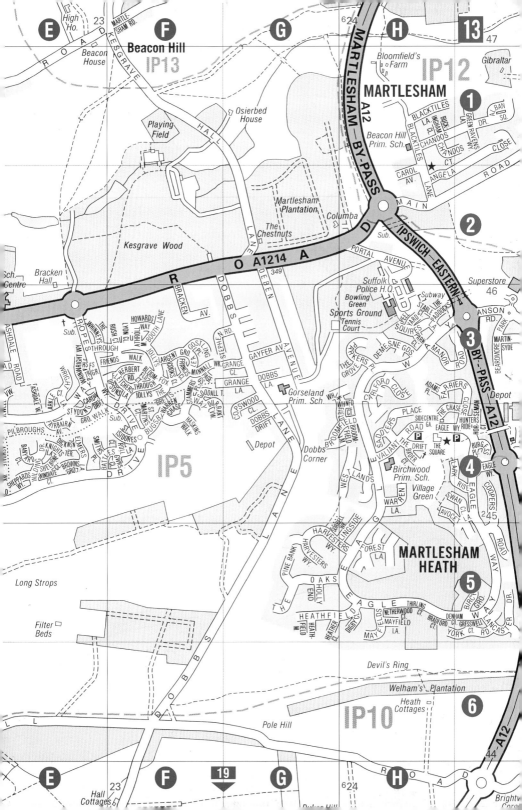

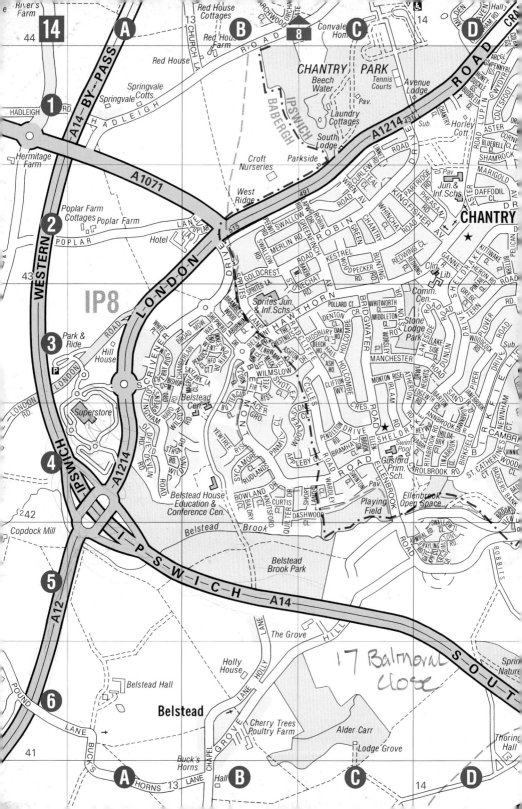

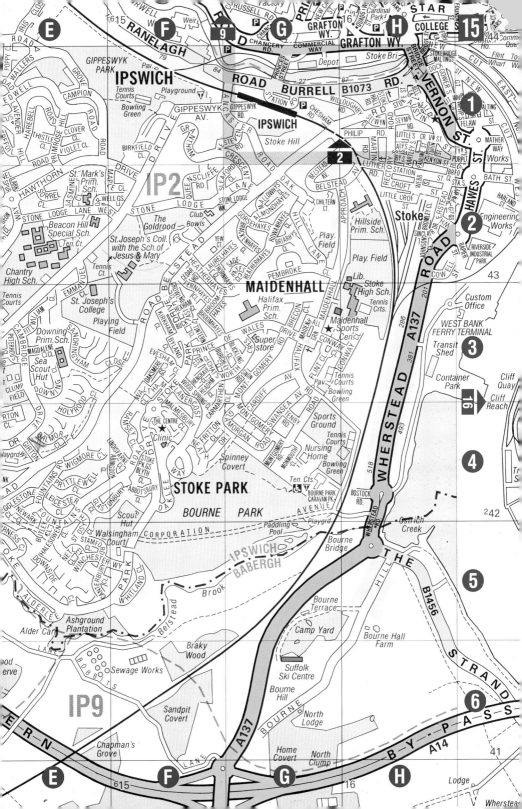

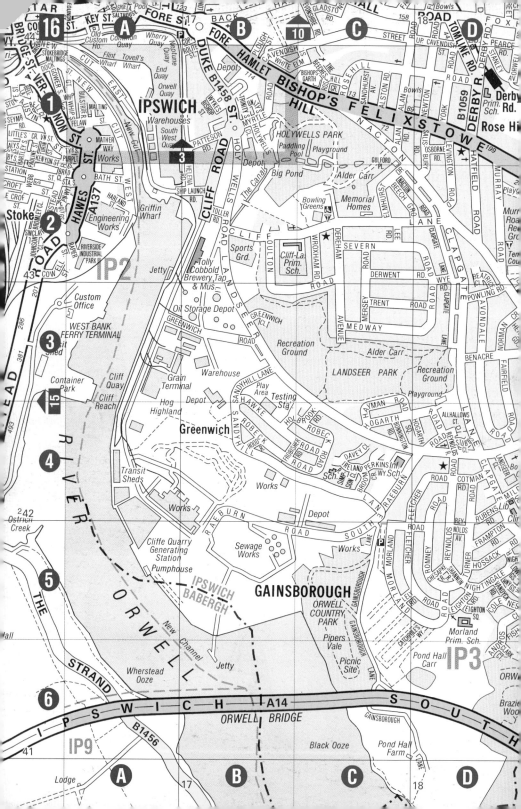

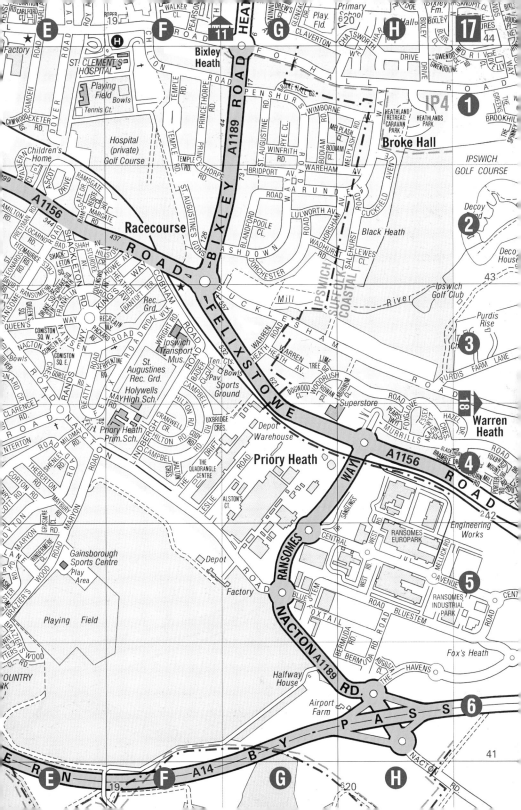

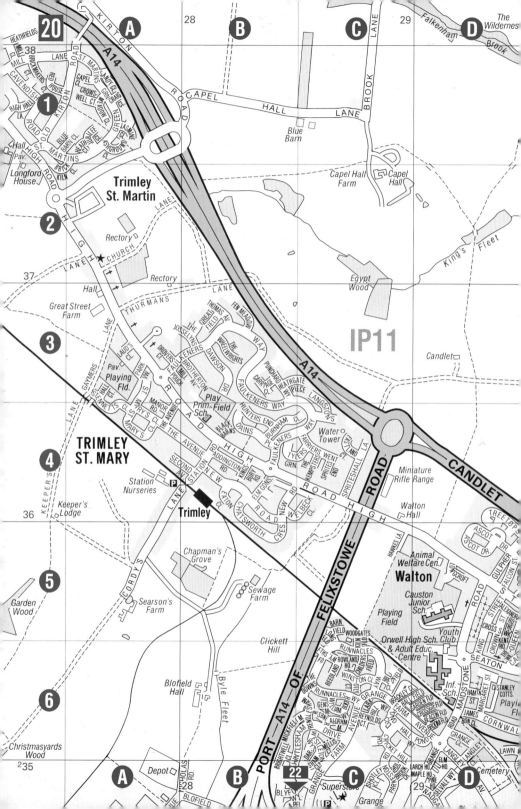

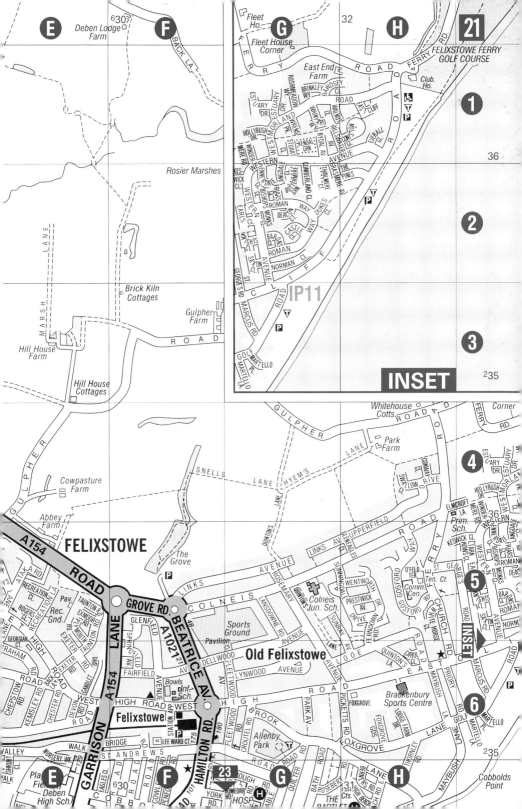

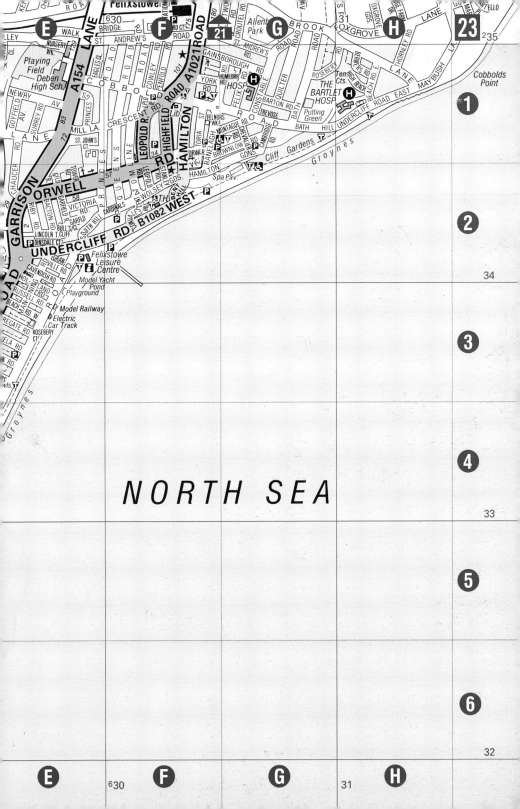

INDEX

Including Industrial Estates and a selection of Subsidiary Addresses.

HOW TO USE THIS INDEX

1. Each street name is followed by its Posttown or Postal Locality and then by its map reference; e.g. Abbotsbury Clo. *Ips* —4F **15** is in the Ipswich Posttown and is to be found in square 4F on page **15**. The page number being shown in bold type.
A strict alphabetical order is followed in which Av., Rd., St., etc. (though abbreviated) are read in full and as part of the street name; e.g. Belle Vue Rd. appears after Bell Clo. but before Bell La.

2. Streets and a selection of Subsidiary names not shown on the Maps, appear in the index in *Italics* with the thoroughfare to which it is connected shown in brackets; e.g. *Adams Clo. Ips* —2H **15** (off Sinclair Dri.)

3. The page references shown in brackets indicate those streets that appear on the Ipswich Town Centre map pages 2-3; e.g. Ainslie Rd. *Ips* —5F **9** (1A **2**) is to be found in square 5F on page **9** and also appears on the Town Centre map in square 1A on page **2**.

GENERAL ABBREVIATIONS

All : Alley	Cres : Crescent	La : Lane	St : Saint
App : Approach	Cft : Croft	Lit : Little	II : Second
Arc : Arcade	Dri : Drive	Lwr : Lower	VII : Seventh
Av : Avenue	E : East	Mc : Mac	Shop : Shopping
Bk : Back	VIII : Eighth	Mnr : Manor	VI : Sixth
Boulevd : Boulevard	Embkmt : Embankment	Mans : Mansions	S : South
Bri : Bridge	Est : Estate	Mkt : Market	Sq : Square
B'way : Broadway	Fld : Field	Mdw : Meadow	Sta : Station
Bldgs : Buildings	V : Fifth	M : Mews	St : Street
Bus : Business	I : First	Mt : Mount	Ter : Terrace
Cvn : Caravan	IV : Fourth	N : North	III : Third
Cen : Centre	Gdns : Gardens	Pal : Palace	Trad : Trading
Chu : Church	Gth : Garth	Pde : Parade	Up : Upper
Chyd : Churchyard	Ga : Gate	Pk : Park	Va : Vale
Circ : Circle	Gt : Great	Pas : Passage	Vw : View
Cir : Circus	Grn : Green	Pl : Place	Vs : Villas
Clo : Close	Gro : Grove	Quad : Quadrant	Wlk : Walk
Comn : Common	Ho : House	Res : Residential	W : West
Cotts : Cottages	Ind : Industrial	Ri : Rise	Yd : Yard
Ct : Court	Junct : Junction	Rd : Road	

POSTTOWN AND POSTAL LOCALITY ABBREVIATIONS

Ake : Akenham	*Fox* : Foxhall	*Mart H* : Martlesham Heath	*Sut* : Sutton
Bar : Barham	*Gt Bea* : Great Bealings	*Mel* : Melton	*T Mart* : Trimley St Martin
Bel : Belstead	*Had I* : Hadleigh Road Ind. Est.	*Nac* : Nacton	*T Mary* : Trimley St Mary
Bram : Bramford	*Has* : Hasketon	*Pine* : Pinewood	*Wher* : Wherstead
Buc : Bucklesham	*Ips* : Ipswich	*Pur F* : Purdis Farm	*Wit* : Witnesham
Cla : Claydon	*Kes* : Kesgrave	*Ran I* : Ransomes Ind. Est.	*Wood* : Woodbridge
Cop : Copdock	*L Bea* : Little Bealings	*Rus A* : Rushmere St Andrew	
Fel : Felixstowe	*Mart* : Martlesham	*Spro* : Sproughton	

INDEX TO STREETS

Abbotsbury Clo. *Ips* —4F **15**
Aberdeen Way. *Ips* —2E **11**
Aberfoyle Rd. *Ips* —2F **11**
Abingdon Clo. *Ips* —4F **15**
Acacia Clo. *Pur F* —4H **17**
Acer Gro. *Ips* —4B **14**
Acorn Clo. *Ips* —3B **14**
Acott Rd. *Wood* —4E **7**
Acton Clo. *Bram* —1A **8**
Acton Gdns. *Bram* —1A **8**
Acton Rd. *Bram* —1A **8**
Adair Rd. *Ips* —3C **8**
Adams Clo. Ips —2H **15**
  (off Sinclair Dri.)
Adams Gdns. *Bram* —2A **8**
Adams Pl. *Kes* —4D **12**
Adams Wlk. *Wood* —3F **7**
Adastral Rd. *Fel* —5C **22**
Addington Rd. *T Mary* —4B **20**
Adelaide Rd. *Ips* —5G **11**
Admiral Rd. *Ips* —5C **14**
Admirals Wlk. *Wood* —1D **6**
Agate Clo. *Ips* —2C **8**
Ainslie Rd. *Ips* —5F **9** (1A **2**)
Alan Rd. *Ips* —1C **16**
Alasdair Pl. *Cla* —1B **4**
Alban Sq. *Mart* —1H **13**
Albany, The. *Ips* —3B **10**

Alberta Clo. *Kes* —3B **12**
Albion Hill. *Ips* —4C **10**
Aldercroft Clo. *Ips* —6G **5**
Aldercroft Rd. *Ips* —1G **9**
Alderlee. *Ips* —5E **15**
Alderman Rd. *Ips* —6G **9** (2A **2**)
Aldringham M. *Fel* —6C **20**
Alexandra Rd. *Fel* —5D **20**
Alexandra Rd. *Ips* —5B **10** (1H **3**)
Allenby Rd. *Ips* —5E **9**
Allhallows Ct. *Ips* —4D **16**
Allington Clo. *Ips* —4C **10**
All Saints' Rd. *Ips* —4F **9**
Alma Clo. *Ips* —2D **10**
Almondhayes. *Ips* —2G **15**
Alpe St. *Ips* —4G **9**
Alston Rd. *Ips* —1C **16**
Alston's Ct. *Ips* —4G **17**
Ancaster Rd. *Ips* —1G **15** (6A **2**)
Anderson Way. *Wood* —4C **6**
Andros Clo. *Ips* —6D **16**
Angela Clo. *Mart* —2H **13**
Angel La. *Ips* —6A **10** (4F **3**)
Angel La. *Wood* —3E **7**
Anglesea Rd. *Ips* —4F **9**
Angus Clo. *Ips* —2E **11**
Anita Clo. E. *Ips* —6D **8**
Anita Clo. W. *Ips* —6D **8**

Annbrook Rd. *Ips* —4D **14**
Anne St. *Fel* —2D **22**
Ann St. *Ips* —4G **9**
Anson Rd. *Mart H* —3H **13**
Antrim Rd. *Ips* —2C **8**
Anzani Av. *Fel* —1B **22**
Anzani Ho. *Fel* —1B **22**
Appleby Clo. *Ips* —4B **14**
Arcade St. *Ips* —5H **9** (2C **2**)
Archangel Gdns. *Ips* —1D **14**
Arches, The. *Wood* —3E **7**
Argyle St. *Ips* —5A **10** (2F **3**)
Arkle Ct. *Kes* —3E **13**
Arkwright Rd. *Had I* —5D **8**
Arnold Clo. *Ips* —6E **5**
Arras Sq. *Ips* —2D **2**
Arthur's Ter. *Ips* —5B **10** (2G **3**)
Arundel Way. *Ips* —2G **17**
Arwela Rd. *Fel* —3E **23**
Ascot Dri. *Fel* —5D **20**
Ascot Dri. *Ips* —2E **17**
Ash Clo. *Wood* —4D **6**
Ashcroft Rd. *Ips* —2E **9**
Ashdale Rd. *Kes* —3E **13**
Ashdale Wlk. *Kes* —3E **13**
  (in two parts)
Ashdown Way. *Ips* —2G **17**
Ashfield Ct. *Ips* —5D **10**

Ashground Clo. *T Mart* —1A **20**
Ash Ho. *Ips* —3C **14**
Ashley Ho. *Fel* —5B **22**
Ashley St. *Ips* —1H **15** (6C **2**)
Ashmere Gro. *Ips* —5C **10** (1H **3**)
Ashton Clo. *Ips* —3B **14**
Aspen Clo. *Mel* —2F **7**
Aster Rd. *Ips* —2D **14**
Ataka Rd. *Fel* —5E **21**
Athenrye Ct. *Wood* —4E **7**
Atherton Rd. *Ips* —3C **14**
Atholl M. *Kes* —3F **13**
Augusta Clo. *Ips* —6H **17**
Austin St. *Ips* —1H **15** (5D **2**)
Avenue, The. *Ips* —2H **9**
Avenue, The. *T Mary* —4A **20**
Avenue, The. *Wood* —4E **7**
Avocet Ct. *Fel* —2D **22**
Avocet La. *Mart H* —4H **13**
Avondale Rd. *Ips* —3D **16**
Ayr Rd. *Ips* —2E **11**

Back Hamlet. *Ips* —6B **10** (4G **3**)
Back La. *Cla* —1B **4**
Back La. *Fel* —1F **21**
  (nr. Falkenham)

Haddon App. *Sut* —6G **7**
Hadleigh Rd. *Cop & Spro* —1A **14**
(in two parts)
Hale Clo. *Ips* —3C **14**
Halesowen.Clo. *Ips* —5E **15**
Halford Ct. *Ips* —3B **14**
Halifax Rd. *Ips* —3G **15**
Hall Cres. *Ips* —4E **17**
Hall Farm Clo. *Mel* —1F **7**
Hall Farm Rd. *Mel* —1F **7**
Hall Fld. *Fel* —6C **20**
Halliwell Rd. *Ips* —5E **11**
Hall La. *Wit* —1D **4**
Hall Pond Way. *Fel* —6C **20**
Halton Cres. *Ips* —4F **17**
Hamblin Rd. *Wood* —4F **7**
Hamblin Wlk. *Wood* —3F **7**
Hamilton Gdns. *Fel* —2F **23**
Hamilton Rd. *Fel* —1F **23**
Hamilton Rd. *Ips* —2E **17**
Hamilton St. *Fel* —6D **20**
Hampton Rd. *Ips* —4E **9**
Handford Cut. *Ips* —5F **9**
Handford Rd. *Ips* —5F **9** (2A **2**)
Hanover Ct. *Ips* —5B **10** (1H **3**)
Hardwick Clo. *Rus A* —6H **11**
Hardy Cres. *Ips* —5E **5**
Harebell Rd. *Ips* —1E **15**
Harland St. *Ips* —2A **16**
Harrison Gro. *Kes* —4D **12**
Harrow Clo. *Ips* —6D **10**
Hartley St. *Ips* —2H **15** (6D **2**)
Harvest Ct. *Fel* —1G **23**
(off Cobbold Rd.)
Harvesters Way. *Mart H* —5G **13**
Hasketon Rd. *Has & Wood*
(in two parts) —2C **6**
Haskins Wlk. *Kes* —4F **13**
Haslemere Dri. *Ips*
—4B **10** (1H **3**)
Hatfield Rd. *Ips* —1D **16**
Hatton Ct. *Ips* —2D **2**
Haughgate Clo. *Wood* —2D **6**
Haugh La. *Wood* —1D **6**
Haughley Dri. *Rus A* —5A **12**
Hauliers Rd. *Fel* —3C **22**
Haven Bus. Pk. *Fel* —3C **22**
Haven Clo. *Fel* —2C **22**
Havens, The. *Ips* —6H **17**
Hawes St. *Ips* —2A **16** (6E **3**)
Hawke Rd. *Ips* —4B **16**
Hawkes La. *Fel* —5C **20**
Hawthorn Dri. *Ips* —3B **14**
Hawthorn Pl. *Wood* —2C **6**
Hayhill Rd. *Ips* —4B **10** (1G **3**)
Hayman Rd. *Ips* —4C **16**
Haywards Fields. *Kes* —3E **13**
Hazelcroft Rd. *Ips* —1F **9**
Hazel Dri. *Pur F* —4H **17**
Hazelnut Clo. *Rus A* —2H **11**
Hazel Ri. *Cla* —1B **4**
Hazlitt Rd. *Ips* —6F **5**
Headingham Clo. *Ips* —3F **15**
Heath Ct. *T Mart* —1A **20**
Heather Av. *Ips* —2F **17**
Heather Clo. *Mart H* —5G **13**
Heathercroft Rd. *Ips* —6F **5**
Heatherhayes. *Ips* —2F **15**
Heathfield. *Mart H* —5G **13**
Heathfield M. *Mart H* —5G **13**
Heathfields. *T Mart* —1A **20**
Heathgate Piece. *T Mary* —3B **20**
Heathland Retreat Cvn. Pk. *Ips*
—1H **17**
Heathlands Pk. *Rus A* —1H **17**
Heath La. *Ips* —6F **11**
Heath Rd. *Ips* —4F **11**
Heath Vw. *Kes* —5B **12**
Helena Rd. *Ips* —1B **16**

Helston Clo. *Kes* —5C **12**
Henderson Clo. *Bram* —2A **8**
Hendy Pl. *Ips* —4G **9**
Hengrave Clo. *Ips* —3F **15**
Henley Av. *Ips* —6G **5**
Henley Ct. *Ips* —3H **9**
Henley Rd. *Ips & Ake* —5G **5**
(in two parts)
Henniker Rd. *Ips* —3B **8**
Henry Rd. *Ips* —4E **17**
Henslow Rd. *Ips* —6E **11**
Henstead Gdns. *Ips* —3D **16**
Herbert Rd. *Kes* —3F **13**
Hermitage, The. *Fel* —1H **23**
(off Undercliff Rd. E.)
Heron Rd. *Ips* —2D **14**
Hervey St. *Ips* —4A **10** (1F **3**)
Hexham Clo. *Ips* —3F **15**
Heywood Rd. *Ips* —4D **14**
Hibbard Rd. *Bram* —1B **8**
High Beach. *Fel* —1H **23**
Highfield App. *Ips* —2E **9**
Highfield Dri. *Cla* —1C **4**
Highfield Rd. *Fel* —1F **23**
Highfield Rd. *Ips* —1D **8**
High Hall Clo. *T Mart* —1A **20**
Highlands La. *Wood* —2E **7**
High Rd. *Fel* —1A **20**
High Rd. E. *Fel* —6G **21**
High Rd. W. *Fel* —6E **21**
High St. Felixstowe, *Fel* —4C **20**
High St. Ipswich, *Ips*
—5H **9** (1C **2**)
High St. Sproughton, *Spro*
—5A **8**
High Vw. Rd. *Ips* —2C **8**
Hildabrook Clo. *Ips* —4D **14**
Hillary Clo. *Ips* —6D **10**
Hillcrest App. *Bram* —1A **8**
Hillhouse Rd. *Ips* —6B **10** (4H **3**)
Hillside Cres. *Ips* —2E **17**
Hill Vw. Bus. Pk. *Cla* —3C **4**
Hill Vw. Ter. *Wood* —3E **7**
Hilly Fields. *Wood* —4C **6**
Hilton Rd. *Ips* —4F **17**
Hintlesham Clo. *Rus A* —6A **12**
Hintlesham Dri. *Fel* —6C **20**
Histon Clo. *Kes* —4A **12**
Hockney Gdns. *Ips* —5D **16**
Hodgkinson Rd. *Fel* —2B **22**
Hogarth Rd. *Ips* —4C **16**
Hogarth Sq. *Ips* —4D **16**
Holbrook Cres. *Fel* —1C **22**
Holbrook Rd. *Ips* —4B **16**
Holcombe Cres. *Ips* —3C **14**
Holden Clo. *Ips* —2A **16**
(off Peppercorn Way)
Holkham Rd. *Rus A* —6A **12**
Holland Rd. *Fel* —2E **23**
Holland Rd. *Ips* —5C **10**
Hollybush Dri. *Fel* —1G **21**
Hollybush Wlk. *Wood* —6H **7**
Hollycroft Clo. *Ips* —6F **5**
Holly End. *Mart H* —5G **13**
Holly La. *Bel* —6B **14**
Holly La. *Rus A* —1H **11**
Holly La. *Wood* —1E **7**
Holly Rd. *Ips* —4G **9**
Holly Rd. *Kes* —3A **12**
Holyrood Clo. *Ips* —4E **15**
Holywells Clo. *Ips* —1B **16**
Holy Wells Rd. *Ips* —1B **16**
Homeorr Ho. *Fel* —1G **23**
Homer Clo. *Ips* —5E **5**
Honeysuckle Gdns. *Ips* —1D **14**
Hood Rd. *Ips* —4B **16**
Hope Cres. *Mel* —2D **7**
Horseman Ct. *Mart H* —4H **13**
Horsham Av. *Ips* —2G **17**

Hossack Rd. *Ips* —5D **16**
Houghton Pl. *Rus A* —6A **12**
House Martins, The. *Fel* —5E **21**
(off Cage La.)
Howard St. *Ips* —4E **11**
Howards Way. *Kes* —3F **13**
Howe Av. *Ips* —2F **17**
Hulver Ct. *Ips* —3E **17**
Humber Doucy La. *Ips* —1D **10**
Hunters End. *T Mary* —4B **20**
Hunters Ride. *Mart H* —4H **13**
Hutland Rd. *Ips* —4C **10**
Hyem's La. *Fel* —4G **21**
Hyntle Clo. *Ips* —6D **8**

Ickworth Ct. *Fel* —2B **22**
Ickworth Cres. *Rus A* —6A **12**
Innes End. *Ips* —3B **14**
Inverness Rd. *Ips* —1D **10**
Ipswich Eastern By-Pass. *Buc &*
(in two parts) *Mart H* —5F **19**
Ipswich Rd. *Cla* —1B **4**
Ipswich Rd. *Wood* —6B **6**
Ipswich Southern By-Pass. *Bel &*
Wher —5A **14**
Ipswich Southern By-Pass. *Ips &*
Nac —6A **18**
Ipswich Western By-Pass. *Ips*
—4A **14**
Ireland Rd. *Ips* —4C **16**
Iris Clo. *Ips* —6E **9**
Irlam Rd. *Ips* —3C **14**
Ivry St. *Ips* —4G **9**

James Boden Clo. *Fel* —6D **20**
Janebrook Rd. *Ips* —3D **14**
Jasmine Clo. *Ips* —2E **15**
Jasmine Clo. *T Mart* —1A **20**
Jefferies Rd. *Ips* —5B **10** (2G **3**)
Jenners Clo. *Mel* —2F **7**
Jetty La. *Wood* —5E **7**
Jewell Vw. *Kes* —4E **13**
Johnson Clo. *Ips* —2H **15**
Josselyns, The. *T Mary* —3B **20**
Jubilee Clo. *T Mart* —1A **20**
June Av. *Ips* —1G **9**
Jupiter Rd. *Ips* —4E **11**

Karen Clo. *Ips* —2G **9**
Karen La. *Fel* —5H **21**
Keats Cres. *Ips* —6E **5**
Keeper's La. *T Mary* —4A **20**
Kelly Rd. *Ips* —6D **8**
Kelvedon Dri. *Rus A* —6A **12**
Kelvin Rd. *Ips* —2E **9**
Kemball St. *Ips* —6D **10**
Kempsters, The. *T Mary* —4C **20**
Kempton Clo. *Ips* —6G **5**
Kempton Rd. *Ips* —6F **5**
Kemsley Rd. *Fel* —6E **21**
Kendal Grn. *Fel* —1G **21**
Kennedy Clo. *Ips* —5D **10**
Kennels Rd. *Fox* —3D **18**
Kensington Rd. *Ips* —3F **9**
Kentford Rd. *Fel* —1B **22**
Kent Ho. *Fel* —6D **20**
Kenyon Rd. *Ips* —1H **15** (6D **2**)
Kerry Av. *Ips* —1C **8**
Kersey Rd. *Fel* —1C **22**
Kesgrave Hall La. *L Bea & Kes*
—1F **13**
Kesteven Rd. *Ips* —1G **15** (6A **2**)
Kestrel Rd. *Ips* —2C **14**
Keswick Clo. *Fel* —5H **21**
Kettlebaston Way. *Ips* —2A **10**
Key St. *Ips* —6A **10** (4E **3**)

Khartoum Rd. *Ips* —4C **10**
Kildare Av. *Ips* —1C **8**
Kiln Fld. *Fel* —6C **20**
King Edward Rd. *Ips* —2E **17**
Kingfisher Av. *Ips* —2C **14**
Kings Av. *Ips* —6B **10** (3G **3**)
Kingsbury Rd. *T Mary* —4B **20**
Kings Clo. *Wood* —4C **6**
Kingsfield Av. *Ips* —3H **9**
Kings Fleet Rd. *Fel* —2D **22**
Kingsgate Dri. *Ips* —3C **10**
Kingsley Clo. *Ips* —6F **5**
Kingston Farm Rd. *Wood*
—5D **6**
Kingston Rd. *Ips* —3E **9**
Kingston Rd. *Wood* —4E **7**
King St. *Fel* —6D **20**
King St. *Ips* —5H **9** (2C **2**)
King's Way. *Ips* —3E **17**
Kingsway. *Wood* —3F **7**
Kinross Rd. *Ips* —2E **11**
Kipling Rd. *Ips* —6E **5**
Kirby Clo. *Ips* —4D **10**
Kirby St. *Ips* —4D **10**
Kirkham Clo. *Ips* —3F **15**
Kirton Rd. *T Mart* —1A **20**
Kitchener Rd. *Ips* —3E **9**
Kittiwake Clo. *Ips* —2D **14**
Knights Clo. *Fel* —2G **21**
Knightsdale Rd. *Ips* —2F **9**
Knights La. *Kes* —4E **13**
Knutsford Clo. *Ips* —4B **14**

Laburnam Clo. *Ips* —3H **17**
Laburnum Clo. *Ips* —3B **14**
Laburnum Gdns. *Rus A* —2H **11**
Lacey St. *Ips* —5B **10** (2G **3**)
Lachlan Grn. *Wood* —1C **6**
(off Cobbold Rd.)
Lacon Rd. *Bram* —1A **8**
Lady La. *Ips* —2B **2**
Lady Margaret Gdns. *Wood*
—4B **6**
Ladywood Rd. *Ips* —4F **11**
Lakeside Clo. *Ips* —3D **14**
Lakeside Rd. *Ips* —3D **14**
Lamberts La. *Rus A* —2G **11**
Lambourne Rd. *Ips* —5G **5**
Lanark Rd. *Ips* —2E **11**
Lancaster Dri. *Mart H* —5H **13**
Lancaster Ho. *Fel* —6D **20**
(off Walk, The)
Lancaster Rd. *Ips*
—5B **10** (2G **3**)
Lancers, The. *Wood* —5B **6**
Lancing Av. *Ips* —2G **17**
Landguard Ct. *Fel* —4D **22**
Landguard Cvn Pk. *Fel* —5D **22**
Landguard Rd. *Fel* —5D **22**
Landguard Way. *Fel* —6C **22**
Landseer Clo. *Ips* —4D **16**
Landseer Rd. *Ips* —2B **16**
Lanercost Way. *Ips* —3F **15**
Langdale Clo. *Fel* —2G **21**
Langer Rd. *Fel* —4D **22**
Langley Av. *Fel* —6D **20**
Langley Clo. *Fel* —6D **20**
Langstons. *T Mary* —3C **20**
Lansdowne Rd. *Fel* —5G **21**
Lansdowne Rd. *Ips* —6D **10**
Lapwing Rd. *Ips* —2C **14**
Larchcroft Clo. *Ips* —1G **9**
Larchcroft Rd. *Ips* —1F **9**
Larch Ho. *Fel* —1D **22**
Larchwood Clo. *Ips* —6B **8**
Largent Gro. *Kes* —3F **13**
Larkhill Way. *Fel* —6C **20**
Lark Ri. *Mart H* —4H **13**

Larkspur Rd. *Ips* —2E **15**
Larksway. *Fel* —2C **22**
Lattice Av. *Ips* —5F **11**
Laud's Clo. *T Mary* —3A **20**
Laurel Av. *Kes* —4B **12**
Laurelhayes. *Ips* —2F **15**
Laurel Way. *Cla* —1B **4**
Lavender Hill. *Ips* —1E **15**
Lavenham Rd. *Ips* —6D **8**
Lawns, The. *Ips* —3F **11**
Lawn Way. *Fel* —6D **20**
Leeks Hill. *Mel* —1F **7**
Lee Rd. *Ips* —2C **16**
Leeward Ct. *Fel* —6F **21**
Leggatt Dri. *Bram* —1A **8**
Leicester Clo. *Ips* —4E **15**
Leighton Rd. *Ips* —5D **16**
Leighton Sq. *Ips* —5D **16**
Lely Rd. *Ips* —5C **16**
Leopold Gdns. *Ips* —3E **11**
Leopold Rd. *Fel* —1F **23**
Leopold Rd. *Ips* —3D **10**
Leslie Rd. *Ips* —4F **17**
Levington La. *Buc* —6H **19**
Levington Rd. *Fel* —4D **22**
Levington Rd. *Ips* —1D **16**
Lewes Clo. *Ips* —2H **15**
Lidgate Ct. *Fel* —1B **22**
Limecroft Clo. *Ips* —6F **5**
Limekiln Clo. *Cla* —1B **4**
Lime Kiln Quay Rd. *Wood* —3F **7**
Limerick Clo. *Ips* —1D **8**
Limes Av. *Bram* —1B **8**
Limes, The. *Rus A* —2G **11**
Lime Tree Dri. *Ips* —3G **17**
Lincoln Clo. *Ips* —6G **5**
Lincoln Ter. *Ips* —2E **23**
Lindbergh Rd. *Ips* —4F **17**
Lindisfarne Clo. *Ips* —4F **15**
Lindsey Rd. *Ips* —4F **11**
Lingfield Rd. *Ips* —5G **5**
Lingside. *Mart* —5H **13**
Links Av. *Fel* —5F **21**
  (in two parts)
Linksfield. *Rus A* —4H **11**
Linksfield Gdns. *Rus A* —4A **12**
Linnet Rd. *Ips* —1C **14**
Lion St. *Ips* —5H **9** (2C **2**)
Lister Rd. *Ips* —2E **9**
Lit. Croft St. *Ips* —2H **15**
Lit. Gipping St. *Ips*
  —5G **9** (2B **2**)
Little's Cres. *Ips* —1H **15** (6D **2**)
Lit. Whip St. *Ips* —1H **15** (5D **2**)
Lloyds Av. *Ips* —5H **9** (2C **2**)
Lloyds, The. *Kes* —4D **12**
Locarno Rd. *Ips* —2E **17**
Lockwood Clo. *Wood* —3D **6**
Lodge Farm Dri. *Fel* —6H **21**
Lodge La. *Cla* —1A **4**
Lombard Ct. *Ips* —4C **10**
London Rd. *Cop* & *Ips* —4A **14**
London Rd. *Ips* —6E **9** (1A **2**)
Lone Barn Ct. *Ips* —3C **8**
Longcroft. *Fel* —5D **20**
Long Fld. *Fel* —5C **20**
Long St. *Ips* —6B **10** (4G **3**)
Lonsdale Clo. *Ips* —4C **10**
Looe Rd. *Fel* —6H **21**
Love La. *Wood* —3F **7**
Lovetofts Dri. *Ips* —2C **8**
  (in two parts)
Lwr. Brook St. *Ips* —6H **9** (3D **2**)
Lwr. Dales Vw. Rd. *Ips* —3F **9**
Lwr. Orwell St. *Ips*
  —6A **10** (4E **3**)
Lower Rd. *Ake* —4H **5**
Lower St. *Spro* —4A **8**

Lowry Gdns. *Ips* —5D **16**
Ludlow Clo. *Ips* —5G **5**
Lulworth Av. *Ips* —2G **17**
Lummis Va. *Kes* —4D **12**
Lupin Rd. *Ips* —1D **14**
Luther Rd. *Ips* —1H **15** (6C **2**)
Lyndhurst Av. *Ips* —6F **11**
Lynwood Av. *Fel* —6G **21**
Lyon Clo. *Kes* —3F **13**

Macaulay Rd. *Ips* —5E **5**
Mackenzie Dri. *Kes* —3C **12**
Magdalen Dri. *Wood* —5B **6**
Magdalene Clo. *Ips* —3E **15**
Magingley Cres. *Rus A* —5A **12**
Magpie Clo. *Ips* —3B **14**
Maidenhall App. *Ips* —3G **15**
Maidenhall Grn. *Ips* —3G **15**
Maidstone Rd. *Fel* —6D **20**
Main Rd. *Buc* —4H **19**
Main Rd. *Kes* —3B **12**
Main Rd. *Mart* —2H **13**
Mais Ct. *Ips* —3E **15**
Major's Corner. *Ips*
  —5A **10** (2E **3**)
Mallard Way. *Ips* —3D **14**
Mallowhayes Clo. *Ips* —2G **15**
Malmesbury Clo. *Ips* —4F **15**
Malting Ter. *Ips* —1A **16** (6E **3**)
Malvern Clo. *Ips* —2E **17**
Malvern Clo. *Rus A* —4A **12**
Manchester Rd. *Ips* —3C **14**
Mandy Clo. *Ips* —5D **10**
Mannall Wlk. *Kes* —3F **13**
Manning Rd. *Fel* —3E **23**
Mannington Clo. *Rus A* —6A **12**
Manor Rd. *Fel* —5D **22**
Manor Rd. *Has* —2A **6**
Manor Rd. *Ips* —3A **10**
Manor Rd. *Mart H* —3H **13**
Manor Rd. *T Mary* —4A **20**
Manor Ter. *Fel* —5D **22**
Mansfield Av. *Ips* —1E **9**
Manthorp Clo. *Mel* —1F **7**
Manwick Rd. *Fel* —3E **23**
Maple Clo. *Ips* —2F **15**
Maple Ho. *Fel* —1D **22**
Maples, The. *Rus A* —3H **11**
Marcus Rd. *Fel* —3G **21**
Margaret St. *Fel* —6D **20**
Margate Rd. *Ips* —2E **17**
Marigold Av. *Ips* —2D **14**
Marina Gdns. *Fel* —3D **22**
Maritime Ct. *Ips* —6A **10** (4E **3**)
Market Hill. *Wood* —3E **7**
Marlborough Rd. *Ips* —6C **10**
Marlow Rd. *Ips* —2C **8**
Marshall Clo. *Kes* —3D **12**
Marsh La. *Fel* —3E **21**
Martello La. *Fel* —3G **21**
Martello Pl. *Fel* —3G **21**
Martin Rd. *Ips* —1H **15** (6C **2**)
Martinsyde. *Mart H* —3H **13**
Martlesham By-Pass. *Mart*
  (in two parts) —1H **13**
Martlesham Rd. *L Bea* —1F **13**
Maryon Rd. *Ips* —5E **17**
Mather Way. *Ips* —1A **16** (6E **3**)
Matlock Clo. *Ips* —3B **14**
Matson Rd. *Ips* —3E **9**
Maudslay Rd. *Ips* —1B **8**
Maybury Rd. *Ips* —4E **17**
Maybush La. *Fel* —6H **21**
Maycroft Clo. *Ips* —5F **5**
Mayfield La. *Mart H* —5H **13**
Mayfield Rd. *Ips* —4F **11**
Mayfields. *Mart* —5H **13**
Mayors Av. *Ips* —3H **9**

Mayors Wlk. *Ips* —4H **9**
May Rd. *Ips* —3F **17**
Mays Ct. *Fel* —2E **23**
Meadow Clo. *T Mart* —1A **20**
Meadow Cft. *Fel* —2C **22**
Meadowside Gdns. *Rus A*
  —3H **11**
Meadowvale Clo. *Ips* —4C **10**
Meadow Vw. *Buc* —5H **19**
Medway Rd. *Ips* —3C **16**
Melbourne Rd. *Ips* —4G **11**
Melford Clo. *Rus A* —6A **12**
Melford Way. *Fel* —2B **22**
Mellick Rd. *Ips* —5H **17**
Mellis Ct. *Fel* —6C **20**
Melplash Clo. *Ips* —1H **17**
Melplash Rd. *Ips* —1H **17**
Melrose Gdns. *Ips* —3E **11**
Melton Grange Rd. *Mel* —2E **7**
Melton Hill. *Wood* —3F **7**
Melton Mdw. Rd. *Mel* —2F **7**
Melton Rd. *Mel* —2F **7**
Melville Rd. *Ips* —6C **10**
Mendip Rd. *Rus A* —4A **12**
Meredith Rd. *Ips* —1D **8**
Merlin Rd. *Ips* —2B **14**
Merrion Clo. *Ips* —3B **14**
Mersey Rd. *Ips* —3C **16**
Mews Ct. *Fel* —1D **22**
  (off Grange Rd.)
Michigan Clo. *Kes* —4C **12**
Mickfield M. *Fel* —6B **20**
Micklegate Rd. *Fel* —3D **22**
Middleton Clo. *Ips* —3C **14**
Milden Rd. *Ips* —6D **8**
Mildmay Rd. *Ips* —4D **16**
Mill Clo. *Fel* —2C **22**
Mill Fld. *Bram* —1A **8**
Millfield Gdns. *Ips* —5D **10**
Mill La. *Fel* —1C **22**
  (in two parts)
Mill La. *T Mart* —1A **20**
Mill La. *Wood* —3E **7**
Mill Pouch. *T Mary* —3A **20**
Mill Rd. Dri. *Pur F* —4A **8**
Mills, The. *Rus A* —3H **11**
Mill Vw. Clo. *Wood* —3C **6**
Milner St. *Ips* —6B **10** (3G **3**)
Milnrow. *Ips* —3B **14**
Milton St. *Ips* —4E **11**
Mistley Way. *Wood* —2D **6**
Mitford Clo. *Ips* —5F **5**
Moat Farm Clo. *Ips* —3C **10**
Moffat Av. *Ips* —2E **11**
Monks Clo. *Fel* —2G **21**
Monks Ga. *Spro* —5A **8**
Monmouth Clo. *Ips* —4G **15**
Montague Rd. *Fel* —1G **23**
Montana Rd. *Kes* —4B **12**
Montgomery Rd. *Ips* —3G **15**
Monton Ri. *Ips* —3C **14**
Monument Farm La. *Fox* —1C **18**
Moore Rd. *Ips* —6E **5**
Moorfield Clo. *Kes* —4D **12**
Moorfield Rd. *Wood* —3C **6**
Moor's Way. *Wood* —3C **6**
Morgan Ct. *Cla* —1B **4**
Morland Rd. *Ips* —5C **16**
Morley Av. *Wood* —4D **6**
Mornington Av. *Ips* —2E **9**
Mottram Clo. *Ips* —3B **14**
Mountbatten Ct. *Ips* —4F **9**
  (off Prospect Rd.)
Mount Dri. *Pur F* —4A **8**
Mumford Rd. *Ips* —3D **8**
Munnings Clo. *Ips* —5E **17**
Murray Rd. *Ips* —2D **16**
Murrills Rd. *Ips* —4H **17**
Museum St. *Ips* —5H **9** (2C **2**)

Mussiden Pl. *Wood* —3D **6**
Myrtle Rd. *Ips* —1B **16**

Nacton Cres. *Ips* —3E **17**
Nacton Rd. *Fel* —4D **22**
Nacton Rd. *Ips* —1C **16**
Nacton Rd. *Nac* —6G **19**
Nansen Rd. *Ips* —3E **17**
Nash Gdns. *Ips* —5E **17**
Naunton Rd. *Wood* —3C **6**
Navarre St. *Ips* —5H **9** (1D **2**)
Naverne Meadows. *Wood* —3E **7**
Nayland Rd. *Fel* —2B **22**
Neale St. *Ips* —5H **9** (1D **2**)
Neath Dri. *Ips* —4F **15**
Nelson Rd. *Ips* —4D **10**
Nelson Way. *Wood* —1D **6**
Netherwood Ct. *Mart H* —5H **13**
Netley Clo. *Ips* —5E **15**
Newark Clo. *Ips* —4E **15**
Newbourne Gdns. *Fel* —2C **22**
Newbury Ho. *Ips* —5E **11**
Newbury Rd. *Ips* —5E **11**
Newby Dri. *Rus A* —6A **12**
New Cardinal St. *Ips*
  —6G **9** (4B **2**)
New Cut E. *Ips* —1H **15** (5D **2**)
New Cut W. *Ips* —1A **16** (5E **3**)
Newell Ri. *Cla* —1B **4**
Newnham Av. *Wood* —4B **6**
Newnham Ct. *Ips* —4D **14**
Newquay Clo. *Kes* —5A **12**
New Quay La. *Wood* —2F **7**
New Rd. *T Mary* —4B **20**
Newry Av. *Fel* —1E **23**
Newson St. *Ips* —4G **9**
New St. *Ips* —6A **10** (4F **3**)
New St. *Wood* —3E **7**
Newton Rd. *Ips* —1D **16**
Newton St. *Ips* —5A **10** (2F **3**)
Nicholas Rd. *Fel* —1B **22**
Nightingale Rd. *Ips* —5D **16**
Nightingale Sq. *Ips* —5D **16**
Nine Acres. *Ips* —5C **8**
Norbury Rd. *Ips* —3E **11**
Norfolk Rd. *Ips* —5A **10** (1F **3**)
Norman Clo. *Fel* —2G **21**
Norman Clo. *Wood* —2E **7**
Norman Cres. *Ips* —3D **16**
North Clo. *Ips* —3B **10**
Northgate St. *Ips* —5H **9** (1D **2**)
North Hill. *Wood* —2D **6**
N. Hill Gdns. *Ips* —5B **10** (1H **3**)
N. Hill Rd. *Ips* —5B **10** (1H **3**)
North Lawn. *Ips* —3E **11**
Norwich Ct. *Ips* —4F **9**
Norwich Rd. *Cla* —1B **4**
Norwich Rd. *Ips* —6D **4** (1A **2**)
Nottidge Rd. *Ips* —5B **10** (2H **3**)
Nursery Wlk. *Fel* —6E **21**

Oak Clo. *Fel* —1D **22**
Oak Clo. *Rus A* —4H **11**
Oak Hill La. *Ips* —2G **15** (6A **2**)
Oak Ho. *Ips* —3C **14**
Oak La. *Ips* —2D **2**
Oak La. *Wood* —3E **7**
Oak La. Ct. *Wood* —3E **7**
Oaklee. *Fel* —4F **15**
Oaksmere Gdns. *Ips* —3F **15**
Oakstead Clo. *Ips* —5D **10**
Oaks, The. *Mart H* —5G **13**
Oakwood Ho. *Kes* —4D **12**
Oban St. *Ips* —4G **9**
Observatory Ct. *Ips* —6G **9** (3B **2**)
O'Feld Ter. *Fel* —5H **21**
Old Barrack Rd. *Wood* —5B **6**

St Andrews Chu. Clo. *Rus A*
　—2G **11**
St Andrew's Clo. *Ips* —6G **11**
St Andrew's Clo. *Mel* —1H **7**
St Andrew's Pl. *Mel* —1G **7**
St Andrew's Rd. *Fel* —6E **21**
St Annes Clo. *Wood* —5B **6**
St Aubyns Rd. *Ips* —6D **10**
St Augustine Clo. *Ips* —1G **17**
St Augustine's Gdns. *Ips* —2F **17**
St Austell Clo. *Kes* —5B **12**
St Catherine's Ct. *Ips* —4D **14**
St Clements Chu. La. *Ips*
　—6A **10** (4F **3**)
St David's Rd. *Ips* —2E **17**
St Edmunds Clo. *Wood* —4C **6**
St Edmund's Pl. *Ips* —3H **9**
St Edmunds Rd. *Fel* —3D **22**
St Edmund's Rd. *Ips* —3G **9**
St George's Rd. *Fel* —5H **21**
St Georges St. *Ips* —5H **9** (1C **2**)
St Helen's Chu. La. *Ips*
　—5B **10** (2G **3**)
St Helen's St. *Ips* —5A **10** (2E **3**)
St Isidores. *Kes* —4F **13**
St Ives Clo. *Ips* —5B **12**
St John's Ct. *Fel* —1E **23**
St John's Ct. *Ips* —5E **11**
St John's Hill. *Wood* —3E **7**
St John's Rd. *Ips* —5C **10**
St John's St. *Wood* —3E **7**
St John's Ter. *Wood* —3E **7**
St Lawrence Grn. *Kes* —3C **12**
St Lawrence St. *Ips* —5H **9** (2D **2**)
St Lawrence Way. *Kes* —3C **12**
St Leonard's Rd. *Ips* —2E **17**
St Margaret's Grn. *Ips*
　—5A **10** (1E **3**)
St Margaret's Plain. *Ips*
　—5A **10** (2E **3**)
St Margaret's St. *Ips*
　—5A **10** (1E **3**)
St Martins Ct. *Kes* —4F **13**
St Martins Grn. *T Mart* —1A **20**
St Mary's Clo. *Bram* —2A **8**
St Mary's Clo. *T Mary* —4A **20**
St Mary's Ct. *Ips* —2C **2**
St Mary's Cres. *Fel* —5E **21**
St Marys Pk. *Buc* —5H **19**
St Matthew's Chu. La. *Ips* —2B **2**
St Matthew's Pl. *Ips*
　—5G **9** (1A **2**)
St Matthew's St. *Ips*
　—5G **9** (1B **2**)
St Michael's Clo. *Kes* —5B **12**
St Nicholas St. *Ips*
　—6H **9** (3C **2**)
St Olaves Rd. *Kes* —3D **12**
St Osyth Clo. *Ips* —5E **15**
St Peter's Av. *Cla* —1A **4**
St Peter's Clo. *Cla* —1A **4**
St Peter's Clo. *Wood* —5B **6**
St Peter's Ct. *Cla* —1B **4**
St Peter's Dock. Ips
　(off Foundry La.) —6H **9** (4D **2**)
St Peter's St. *Ips* —5H **9** (3D **2**)
St Raphael Ct. *Ips* —2E **9**
St Stephen's La. *Ips*
　—5H **9** (2D **2**)
Salehurst Rd. *Ips* —2H **17**
Salisbury Rd. *Ips* —1D **16**
Sallows Clo. *Ips* —4E **9**
Salthouse La. *Ips* —6A **10** (4E **3**)
Salthouse St. *Ips* —6A **10** (4F **3**)
Samford Pl. *Spro* —5A **8**
Samuel Ct. *Ips* —5A **10** (2F **3**)
Sandhurst Av. *Ips* —1C **16**
Sandling Cres. *Rus A* —6H **11**
Sandlings, The. *Ips* —4H **17**
Sandown Clo. *Ips* —6F **5**
Sandown Rd. *Ips* —6F **5**
Sandpiper Rd. *Ips* —3D **14**

Sandpit Clo. *Rus A* —6A **12**
Sandringham Clo. *Ips* —3E **15**
Sandy Clo. *T Mart* —1A **20**
Sandyhill La. *Ips* —3B **16**
Sandy La. *Mart* —6A **6**
Sapling Pl. *Rus A* —6H **11**
Sawston Clo. *Ips* —3F **15**
Saxon Clo. *Fel* —2G **21**
Saxon Way. *Mel* —1E **7**
Schneider Clo. *Fel* —5C **22**
Schreiber Rd. *Ips* —4E **11**
Scopes Clo. *Kes* —3D **12**
Scott Rd. *Ips* —4E **17**
Scrivener Dri. *Ips* —3A **14**
Sea Rd. *Fel* —4D **22**
Seaton Rd. *Fel* —6D **20**
Seckford Almshouses. *Wood*
　—3D **6**
Seckford Clo. *Rus A* —6A **12**
Seckford Hall Rd. *Gt Bea & Wood*
　(in two parts) —5A **6**
Seckford St. *Wood* —3D **6**
Seckford Ter. *Wood* —3D **6**
Second Av. *T Mary* —4A **20**
Selkirk Rd. *Ips* —3E **11**
Selvale Way. *Fel* —1D **22**
Selwyn Clo. *Ips* —1H **15** (6C **2**)
Serpentine Rd. *Ips* —3E **17**
Seven Cotts. *Rus A* —2F **11**
Seven Cotts. La. *Rus A* —2F **11**
Severn Rd. *Ips* —2C **16**
Sewell Wontner Clo. *Kes* —3D **12**
Seymour Rd. *Ips* —1H **15** (6C **2**)
Shackleton Rd. *Ips* —2E **17**
Shackleton Sq. *Ips* —2E **17**
Shaftesbury Sq. *Ips*
　—6A **10** (3F **3**)
Shafto Rd. *Ips* —3D **8**
Shakespeare Rd. *Ips* —5D **4**
Shamrock Av. *Ips* —1D **14**
Shamrock Ho. *Ips* —1C **8**
Shannon Rd. *Ips* —5D **16**
Shelbourne Clo. *Kes* —4E **13**
Sheldrake Dri. *Ips* —4C **14**
Shelley St. *Ips* —1H **15** (6D **2**)
Shenley Rd. *Ips* —4E **17**
Shenstone Dri. *Ips* —6F **5**
Shepherd Dri. *Ips* —3B **14**
Sheppards Way. *Kes* —4E **13**
Sherborne Av. *Ips* —1D **10**
Sherrington Rd. *Ips* —3F **9**
Sherwood Fields. *Kes* —4D **12**
Shetland Clo. *Ips* —2D **10**
Ship La. *Bram* —2A **8**
Ship Launch Rd. *Ips* —2A **16**
Ship Mdw. Wlk. *Wood* —3E **7**
Shire Hall Yd. *Ips* —6A **10** (4E **3**)
Shirley Clo. *Ips* —6F **5**
Shortlands. *Ips* —4C **14**
Shotley Clo. *Fel* —1C **22**
Shotley Clo. *Ips* —3B **14**
Shrubbery Clo. *Fel* —1E **23**
Shrubbery Rd. *Has* —1A **6**
Shrubland Av. *Ips* —2D **8**
Shrubland Dri. *Ips* —6A **12**
Sidecentre Ga. *Mart H* —4H **13**
Sidegate Av. *Ips* —3D **10**
Sidegate La. *Ips* —2D **10**
Sidegate La. W. *Ips* —2C **10**
Silent St. *Ips* —6H **9** (3D **2**)
Silverdale Clo. *Ips* —2F **9**
Simons Rd. *Wood* —1E **7**
Simpson Clo. *Ips* —4C **16**
Sinclair Dri. *Ips* —2H **15**
Sirdar Rd. *Ips* —5F **9**
Skylark La. *Ips* —3B **14**
Slade St. *Ips* —6A **10** (4E **3**)
Slade, The. *Cla* —1C **4**
Sleaford Clo. *Ips* —2F **15** (6A **2**)
Smart St. *Ips* —6A **10** (4E **3**)
Smithfield. *Wood* —2F **7**
Smiths Pl. *Kes* —4E **13**

Snells La. *Fel* —4F **21**
Snowdon Rd. *Ips* —3G **15**
Snow Hill Steps. *Fel* —2E **23**
　(off Undercliff Rd. W.)
Soane St. *Ips* —5A **10** (1E **3**)
Somerset Rd. *Ips* —3C **10**
Sorrel Clo. *Ips* —2E **15**
Sorrell Wlk. *Mart H* —5G **13**
South Clo. *Ips* —3B **10**
Southgate Rd. *Ips* —4A **14**
South Hill. *Fel* —2E **23**
South St. *Ips* —4G **9** (1A **2**)
Speedwell Rd. *Ips* —1E **15**
Spenser Rd. *Ips* —6D **4**
Spinner Clo. *Ips* —3C **8**
Spinney, The. *Rus A* —1A **18**
Springfield Av. *Fel* —6F **21**
Springfield La. *Ips* —3E **9**
Springhurst Clo. *Ips* —5C **10**
Springland Clo. *Ips* —5D **10**
Spring Rd. *Ips* —5B **10** (2H **3**)
Sprites End. *T Mary* —4C **20**
Spriteshall La. *T Mary* —4C **20**
Sprites La. *Ips* —3B **14**
Sproughton Rd. *Spro & Ips*
　—4A **8**
Spur End. *Mel* —1G **7**
Square, The. *Mart H* —4H **13**
Squires La. *Mart H* —3H **13**
Stable Ct. *Mart H* —3H **13**
Stamford Clo. *Ips* —5E **15**
Stammers Pl. *Kes* —3F **13**
Stanley Av. *Ips* —1D **16**
Stanley Cotts. *Fel* —6D **20**
Stanley Rd. *Fel* —2F **23**
Starfield Clo. *Ips* —5E **11**
Star La. *Ips* —6H **9** (4D **2**)
Station App. *Fel* —6F **21**
Station Rd. *Cla* —1A **4**
Station Rd. *Ips* —1G **15** (5A **2**)
Station Rd. *Mel* —1G **7**
Station Rd. *T Mary* —4B **20**
Station Rd. *Wood* —4E **7**
Station St. *Ips* —1H **15** (6C **2**)
Stella Maris. *Ips* —6C **8**
Stennetts Clo. *T Mary* —3A **20**
Stephen Rd. *Kes* —3F **13**
Stevenson Rd. *Ips* —5G **9** (1A **2**)
Stewart Young Clo. *Kes* —4E **13**
Stokebridge Maltings. *Ips*
　—1H **15** (5D **2**)
Stoke Hall Rd. *Ips* —1H **15** (5C **2**)
Stoke Pk. Dri. *Ips* —5E **15**
Stoke Pk. Gdns. *Ips* —4F **15**
Stoke St. *Ips* —1H **15** (5C **2**)
Stollery Clo. *Ips* —4D **12**
Stonechat Rd. *Ips* —2B **14**
Stonegrove Rd. *Fel* —4C **22**
Stone Lodge La. *Ips* —2F **15**
Stone Lodge La. W. *Ips* —2E **15**
Stone Lodge Wlk. *Ips*
　—2G **15** (6A **2**)
Stone Pl. *Wood* —3E **7**
Stopford Ct. *Ips* —4F **9**
Stour Av. *Fel* —2D **22**
Stradbrook Rd. *Ips* —4D **10**
Straight Rd. *Fox* —5D **18**
Strand, The. *Wher* —5H **15**
Stratford Rd. *Ips* —1D **8**
Street Farm Clo. *Buc* —5H **19**
Street, The. *Bram* —1A **8**
Street, The. *Mart* —6A **6**
Street, The. *Rus A* —2H **11**
Stuart Clo. *Fel* —1G **21**
Stuart Clo. *Ips* —4C **10**
Stubbs Clo. *Ips* —4D **16**
Sturdee Av. *Ips* —2E **17**
Sub-Station Rd. *Fel* —3C **22**
Sudbourne Rd. *Fel* —6C **20**
Sudbury Rd. *Fel* —1B **22**
Suffolk Pl. *Wood* —3F **7**
Suffolk Retail Pk. *Ips* —5F **9**

Suffolk Rd. *Ips* —4A **10** (1G **3**)
Suffolk Sands Holiday Pk. *Fel*
　—5C **22**
Summerfield Clo. *Ips* —3G **11**
Summerfield Ct. *Ips* —3G **11**
Sunderland Rd. *Fel* —5C **22**
Sunfield Clo. *Ips* —5E **11**
Sun La. *Wood* —3E **7**
Sunningdale Av. *Ips* —6G **11**
Sunningdale Dri. *Fel* —5G **21**
Sunray Av. *Fel* —5G **21**
Surbiton Rd. *Ips* —3E **9**
Surrey Rd. *Fel* —1E **23**
Surrey Rd. *Ips* —5F **9**
Sutton Clo. *Wood* —3F **7**
Swallow Clo. *Fel* —4H **21**
Swallow Rd. *Ips* —2B **14**
Swallowtail Clo. *Ips* —5D **14**
Swan Clo. *Mart H* —4H **13**
Swansea Av. *Ips* —4G **15**
Swatchway Clo. *Ips* —6E **17**
Swinburne Rd. *Ips* —6D **4**
Swinton Clo. *Ips* —4C **14**
Sycamore Clo. *Ips* —4B **14**

Tacket St. *Ips* —6A **10** (3E **3**)
Tacon Rd. *Fel* —4D **22**
Tallboys Clo. *Kes* —3D **12**
Tannery Cotts. *Ips* —4E **9**
Tanyard Ct. *Wood* —4E **7**
Tarn Hows Clo. *Fel* —2G **21**
Tasmania Rd. *Ips* —5G **11**
Taunton Clo. *Ips* —5G **5**
Taunton Rd. *Fel* —5E **21**
Tavern St. *Ips* —5H **9** (2D **2**)
Teal Clo. *Ips* —2C **14**
Temple Rd. *Ips* —1F **17**
Tenby Rd. *Ips* —4G **15**
Tennyson Clo. *Wood* —2C **6**
Tennyson Rd. *Ips* —6C **10**
Tenth Rd. *Buc* —6H **19**
Tern Rd. *Ips* —3D **14**
Thackeray Rd. *Ips* —6E **5**
Thanet Rd. *Ips* —5E **11**
Theatre St. *Wood* —3D **6**
Theberton Rd. *Ips* —4E **11**
Thetford Rd. *Ips* —4F **9**
Thirling Ct. *Mart H* —5H **13**
Thirlmere Ct. *Fel* —2G **21**
Thistle Clo. *Ips* —1E **15**
Thomas Av. *T Mary* —3A **20**
Thompson Rd. *Ips* —3E **9**
Thornhayes Clo. *Ips* —2F **15**
Thornley Dri. *Ips* —1H **17**
Thornley Rd. *Fel* —1H **23**
Thorn Way. *Fel* —1D **22**
Thoroughfare. *Ips* —2D **2**
Thoroughfare. *Wood* —4E **7**
Through Duncans. *Wood* —4C **6**
Through Jollys. *Kes* —3E **13**
Thurleston La. *Ips* —4E **5**
Thurmans La. *T Mary* —3A **20**
Thurston Ct. *Fel* —2B **22**
Tide Mill Way. *Wood* —4F **7**
Tinabrook Clo. *Ips* —4D **14**
Tintern Clo. *Ips* —3F **15**
Tokio Rd. *Ips* —5D **10**
Toller Rd. *Ips* —2B **16**
Tolworth Rd. *Ips* —5D **10**
Tomline Ho. *Fel* —5B **22**
Tomline Rd. *Fel* —2F **23**
Tomline Rd. *Ips* —6D **10**
Tooley's Ct. Ips —6A 10 (4E 3)
　(off Shire Hall Yd.)
Top Rd. *Has* —1A **6**
Top St. *Mart* —6A **6**
Tovell's Rd. *Ips* —5C **10**
Tower Chu. Yd. *Ips* —2D **2**
Tower Mill Rd. *Ips* —4E **9**
Tower Ramparts. *Ips*
　(in two parts) —5H **9** (2C **2**)

Tower Ramparts Shop. Cen. *Ips*
—5H **9** (2D **2**)
Tower Rd. *Fel* —2E **23**
Tower St. *Ips* —5H **9** (2D **2**)
Trafalgar Clo. *Ips* —5C **10**
Tranmere Gro. *Ips* —1E **9**
Treetops. *Fel* —4D **20**
Trefoil Clo. *Ips* —1E **15**
Trelawny Ho. *Fel* —4C **22**
Trent Rd. *Ips* —3C **16**
Trevose. *Fel* —1G **23**
Trinity Av. *Fel* —2A **22**
Trinity Clo. *Kes* —4A **12**
Trinity Clo. *Wood* —5B **6**
Trinity Ind. Est. *Fel* —3B **22**
Trinity St. *Ips* —1B **16**
Troon Gdns. *Ips* —3E **11**
Truro Cres. *Kes* —5B **12**
Tuddenham Av. *Ips* —4B **10**
Tuddenham La. *Rus A* —1E **11**
Tuddenham Rd. *Ips* —4A **10**
Tudor Pl. *Ips* —5A **10** (2F **3**)
Turin St. *Ips* —1H **15** (6D **2**)
Turner Gdns. *Mart* —5B **6**
Turner Gro. *Kes* —3E **13**
Turner Rd. *Ips* —5D **16**
Turn La. *Wood* —4E **7**
Turnpike Rd. *Mel* —2F **7**
Turret Grn. Ct. *Ips* —6H **9** (3D **2**)
Turret La. *Ips* —6H **9** (4D **2**)
(in two parts)
Twelve Acre App. *Kes* —4C **12**
Tylers Grn. *T Mary* —4B **20**
Tyler St. *Ips* —1A **16** (6E **3**)
Tymmes Pl. *Has* —1A **6**
Tyrone Clo. *Ips* —1C **8**

Ullswater Av. *Fel* —1G **21**
Ulster Av. *Ips* —2C **8**
Undercliff Rd. E. *Fel* —1H **23**
Undercliff Rd. W. *Fel* —2E **23**
Union St. *Ips* —5A **10** (2E **3**)
Unity St. *Ips* —1B **16** (5H **3**)
Upland Rd. *Ips* —5D **10**
Up. Barclay St. *Ips* —6A **10** (3E **3**)
Up. Brook St. *Ips* —5H **9** (3D **2**)
Up. Cavendish St. *Ips* —6D **10**
Upperfield Dri. *Fel* —5H **21**
Up. High St. *Ips* —4H **9** (1C **2**)
Up. Moorfield Rd. *Wood* —2D **6**
Up. Orwell St. *Ips* —6A **10** (3E **3**)
Upsons Way. *Kes* —3F **13**
Upton Clo. *Ips* —5B **10** (2H **3**)
Uxbridge Cres. *Ips* —4F **17**

Valiant Rd. *Mart H* —4H **13**
Valley Clo. *Ips* —2H **9**
Valley Clo. *Wood* —3E **7**
Valley Farm Rd. *Mel* —1F **7**
Valley Rd. *Ips* —4F **9**
Valleyview Dri. *Rus A* —1A **18**
Valley Wlk. *Fel* —1D **22**
Vandyck Rd. *Ips* —5D **16**
Vaughan St. *Ips* —1H **15** (6D **2**)
Ventris Clo. *Ips* —6C **8**
Vere Gdns. *Ips* —1H **9**

Vermont Cres. *Ips* —4A **10**
Vermont Rd. *Ips* —4A **10**
Vernon St. *Ips* —1H **15** (5D **2**)
Vicarage Clo. *Bram* —2A **8**
Vicarage Hill. *Wood* —3E **7**
Vicarage La. *Bram* —2A **8**
Vicarage Rd. *Fel* —1C **22**
Victoria Rd. *Fel* —2E **23**
Victoria Rd. *Wood* —3E **7**
Victoria St. *Fel* —1F **23**
Victoria St. *Ips* —5F **9**
Victory Rd. *Ips* —4D **10**
Vw. Point Rd. *Fel* —6B **22**
Vigar Av. *Kes* —3D **12**
Vincent Clo. *Ips* —3D **8**
Vinnicombe Ct. *Ips* —4D **14**
Violet Clo. *Ips* —1E **15**

Wadgate Rd. *Fel* —1D **22**
Wadhurst Rd. *Ips* —2G **17**
Wainwright Way. *Kes* —3E **13**
Walker Clo. *Ips* —6F **11**
Walk, The. *Fel* —5D **20**
(in two parts)
Walk, The. *Ips* —2D **2**
Walk, The. *Kes* —3C **12**
Wallace Rd. *Ips* —3D **8**
Waller Clo. *Ips* —2E **9**
Wallers Gro. *Ips* —1E **15**
Walnut Clo. *Fel* —1G **21**
Walnut Tree Clo. *Bram* —1A **8**
Waltham Clo. *Ips* —3F **15**
Walton Av. *Ips* —2A **22**
Walton Ho. *Ips* —2A **2**
Wardley Clo. *Ips* —4C **14**
Ward Rd. *Ips* —4A **14**
Wareham Av. *Ips* —2G **17**
Warren Chase. *Kes* —4F **13**
Warren Heath Av. *Ips* —3G **17**
Warren Heath Rd. *Ips* —3G **17**
Warren Hill Rd. *Wood* —4C **6**
Warren La. *Mart H* —4H **13**
Warrington Rd. *Ips* —4G **9**
Warwick Av. *Wood* —2D **6**
Warwick Rd. *Ips* —5B **10** (2H **3**)
Waterford Rd. *Ips* —1C **8**
Waterloo Rd. *Ips* —4F **9**
Waterworks St. *Ips*
—6A **10** (3F **3**)
Watts Ct. *Ips* —6A **10** (3E **3**)
Waveney Rd. *Fel* —2D **22**
Waveney Rd. *Ips* —3D **8**
Weaver Clo. *Ips* —3C **8**
Webbs Ct. *Kes* —4D **12**
Webb St. *Ips* —2H **15** (6D **2**)
Welbeck Clo. *T Mary* —4B **20**
Wellesley Rd. *Ips* —6C **10**
Wellington Ct. *Fel* —1H **23**
(off Undercliff Rd. E.)
Wellington Ct. *Ips* —4F **9**
(off Wellington St.)
Wellington St. *Ips* —4F **9**
Wells Clo. *Ips* —5B **10** (2F **3**)
Wentworth Dri. *Fel* —5H **21**
Wentworth Dri. *Ips* —3B **14**
Wesel Av. *Fel* —1C **22**
Westbourne Rd. *Ips* —2E **9**

Westbury Rd. *Ips* —3E **11**
West End Rd. *Ips* —6F **9** (4A **2**)
Westerfield Ho. Cotts. *Ips*
—1D **10**
Westerfield Rd. *Ips & West*
—4A **10**
Western Av. *Fel* —2G **21**
Western Clo. *Rus A* —1A **18**
Westgate St. *Ips* —5H **9** (2C **2**)
Westholme Clo. *Wood* —4D **6**
Westholme Rd. *Ips* —2F **9**
Westlands. *Mart H* —4H **13**
West Lawn. *Ips* —3E **11**
Westleton Way. *Fel* —6C **20**
West Meadows. *Ips* —5B **4**
Westminster Clo. *Ips* —6E **11**
Westmorland Rd. *Fel* —1G **21**
West Rd. *Ips* —5H **17**
Westwood Av. *Ips* —3F **9**
Wetherby Clo. *Ips* —5G **5**
Wexford Rd. *Ips* —1C **8**
Weymouth Rd. *Ips* —5C **10**
Wharfedale Rd. *Ips* —2F **9**
Wheelwrights, The. *T Mary*
—3B **20**
*Wherry La. Ips —6A **10**
(off Salthouse St.)*
Wherstead Rd. *Ips*
—5H **15** (6D **2**)
Whinchat Clo. *Ips* —2C **14**
Whinfield. *Mart H* —3G **13**
Whinfield Ct. *Mart H* —3H **13**
Whinneys, The. *Kes* —3E **13**
Whinyard Way. *Fel* —1G **21**
Whitby Rd. *Ips* —3C **10**
White Elm St. *Ips* —1B **16** (5H **3**)
White Horse Clo. *Fel* —5H **21**
Whitehouse Ind. Est. *Ips* —6B **4**
White Ho. Rd. *Ips* —6B **4**
White Ri. *Mart H* —5H **13**
Whitethorn Rd. *Pur F* —4A **18**
Whitland Clo. *Ips* —5F **15**
Whittle Rd. *Had I* —5E **9**
Whitton Chu. La. *Ips* —5D **4**
Whitton La. *Ips* —5C **4**
Whitton Leyer. *Bram* —1B **8**
Whitworth Clo. *Ips* —3C **14**
Wickham Brook Ct. *Fel* —1B **22**
Wicklow Rd. *Ips* —1C **8**
Widgeon Clo. *Ips* —2E **15**
Wigmore Clo. *Ips* —4E **15**
Wilberforce St. *Ips* —5F **9** (1A **2**)
Wilderness La. *Wood* —2E **7**
Wilding Ct. *Wood* —4C **6**
Wilding Dri. *Kes* —4E **13**
Wilding Rd. *Ips* —4A **14**
Wilford Bri. Rd. *Mel* —1G **7**
Wilford Bri. Spur. *Mel* —1G **7**
Wilkinson Way. *Mel* —2F **7**
William Booth Way. *Fel* —6C **20**
William Rd. *Ips* —5A **10** (2F **3**)
William St. *Ips* —5H **9** (1D **2**)
Willoughby Rd. *Ips*
—1G **15** (5B **2**)
Willow Clo. *Cla* —1B **4**
Willowcroft Rd. *Ips* —1F **9**
Willows, The. *Rus A* —2H **11**
Wilmslow Av. *Wood* —3C **6**

Wilmslow Dri. *Ips* —3B **14**
Wilson Rd. *Ips* —4A **14**
Wimborne Av. *Ips* —1G **17**
Wimpole Clo. *Rus A* —5A **12**
Wincanton Clo. *Ips* —2D **10**
Winchester Way. *Ips* —5E **15**
Windermere Clo. *Ips* —5E **17**
Windermere Rd. *Fel* —1G **21**
Windiate Ct. *Kes* —4E **13**
Windrush Rd. *Kes* —3D **12**
Windsor Rd. *Fel* —2D **22**
Windsor Rd. *Ips* —4E **9**
Winfrith Rd. *Ips* —1G **17**
Wingfield St. *Ips* —6A **10** (3E **3**)
Winston Av. *Ips* —3F **11**
Winston Clo. *Fel* —6C **20**
Withipoll St. *Ips* —5A **10** (1E **3**)
*Wolsey Ct. Fel —2F **23**
(off Stanley Rd.)*
Wolsey Gdns. *Fel* —2F **23**
Wolsey St. *Ips* —6H **9** (4C **2**)
Wolton Rd. *Kes* —4D **12**
Woodbridge Rd. *Ips*
—5A **10** (2E **3**)
Woodbridge Rd. *Rus A & Kes*
—4G **11**
Woodbridge Rd. E. *Ips* —4F **11**
Woodcock Rd. *Ips* —3D **14**
Wood Cotts. *Rus A* —2F **11**
Woodgates. *Fel* —5C **20**
Woodhouse La. *Fox* —3D **18**
Woodhouse Sq. *Ips*
—6A **10** (3F **3**)
Woodlands Way. *Ips* —5B **4**
Woodlark Clo. *Ips* —4D **14**
Woodpecker Rd. *Ips* —2C **14**
Woodrush Rd. *Pur F* —3G **17**
Woods La. *Mel* —1D **6**
Wood Spring Clo. *Ips* —3F **15**
Woodstone Av. *Ips* —2H **9**
Woodville Rd. *Ips* —6C **10** (3H **3**)
Woollards Clo. *Ips* —5F **9**
Woolnough Rd. *Wood* —2D **6**
Woolnoughs, The. *Kes* —4D **12**
Woolverstone Clo. *Ips* —4B **14**
Worcester Rd. *Ips* —5D **16**
Wordsworth Cres. *Ips* —6D **4**
Worsley Clo. *Ips* —3C **14**
Wren Av. *Ips* —2C **14**
Wrens Pk. *Fel* —1G **21**
Wright La. *Kes* —3E **13**
Wright Rd. *Ips* —3F **17**
Wroxham Rd. *Ips* —2C **16**
Wye Rd. *Ips* —2D **16**
Wykes Bishop St. *Ips*
—1B **16** (5G **3**)
Wynterton Clo. *Ips* —4E **17**

Yarmouth Rd. *Ips* —5F **9**
Yeoman Rd. *Fel* —2C **22**
Yew Ct. *Ips* —2F **15**
Yewtree Gro. *Kes* —4A **12**
Yewtree Ri. *Ips* —4B **14**
York Cres. *Cla* —1B **4**
York Rd. *Fel* —1F **23**
York Rd. *Ips* —1D **16**
York Rd. *Mart H* —5H **13**